Inhaltsverzeichnis

Vorwort

Konzept der Reihe Leselauscher *Wissen*

Wenn Kinder in die Schule kommen, freuen sie sich meist sehr auf das Lesenlernen. Doch wenn die ersten Hürden der Lautzuordnung und des Zusammenschleifens von Lauten genommen sind, stellt sich bei vielen Kindern Frust ein. Das Lesen geht noch mühsam und kann mit dem Wissensdrang, mit dem Wunsch, den Text selbst zügig zu erlesen, nicht mithalten. Das ist eine kritische Phase, denn jetzt kann sich schnell eine Leseunlust entwickeln, die den weiteren Leselernprozess und damit die grundlegende Fähigkeit des Lesens negativ beeinflusst. Denn Lesen ist nicht umsonst *die* Schlüsselqualifikation, das flüssige und vor allem sinnerfassende Lesen ist Voraussetzung für das Lernen in allen Bereichen und Fächern.

Natürlich spielt Übung eine große Rolle, und das am besten mit motivierenden Texten, die Kinder wirklich interessieren – die aber auch kindgerecht geschrieben sind.

Hierzu eignen sich in besonderem Maße die Bücher der Reihe Leselauscher *Wissen*. Jeweils zu einem Sachthema, das Kinder interessiert, werden Sachtexte, Abbildungen, Mitmach-Ideen und Zusatzwissen angeboten. Dabei wird besonders auf eine kindgerechte Sprache, auf altersgerechten Wortschatz und einfachen Satzbau geachtet. Schwierige Fachwörter, die zum Thema dazugehören, werden einfach erklärt. Eine klare Struktur und eine gut lesbare Schrift unterstützen das Orientieren und Lesen.

Eine weitere Besonderheit der Reihe Leselauscher *Wissen* ist die ergänzende CD. Jedem Buch liegt ein Hörbuch bei, auf dem der Text – speziell auf Leseanfänger ausgerichtet – deutlich und betont vorgelesen wird. So kann das Kind in einem bestimmten Stadium seines Leselernprozesses eine wichtige Unterstützung bekommen. Denn die CD kann zeitgleich mit dem Lesen gehört werden. Schwierige Wörter werden leichter erlesen, Aussprache und Betonung werden gesichert.

Aktuelle Studien haben einen deutlichen Vorteil dieser gleichzeitigen Ansprache mehrerer Sinneskanäle gezeigt. Texte werden nicht nur besser verstanden, Informationen werden auch viel besser behalten. Somit erreicht man einen deutlichen Wissenszuwachs, während gleichzeitig die Lesefähigkeiten trainiert werden.

Aber nicht nur das gleichzeitige Lesen und Hören ist effektiv. Kinder können auch die CD hören, während sie sich die Bilder im Buch ansehen. Ein Umblättergeräusch signalisiert die nächste Seite und durch wiederholtes Hören prägt sich der Text so ein, dass ebenfalls wieder positive Effekte beim späteren alleinigen Lesen erzielt werden.

Die Medien Buch und CD können also gleichzeitig oder unabhängig voneinander genutzt werden – beides befördert das Lesen und das Behalten.

Zusätzlich enthält jedes Buch ein Extra wie ein Poster, Sticker, einen Spielplan oder einen Bastelbogen als schöne Ergänzung zum jeweiligen Thema.

Die Sachwissenbücher richten sich an Kinder ab 7 Jahren und sind gut geeignet für eine Schulbibliothek, für die Leseecke in der Klasse, aber vor allem auch für Thementische zu einer Unterrichtsreihe oder als Einstieg in ein Thema. Auch für zu Hause sind die Bücher empfehlenswert.

Einsatz im Unterricht

Die Bücher der Reihe Leselauscher *Wissen* eignen sich gut für den Einsatz im Unterricht. Um das Arbeiten mit den Büchern zu erleichtern, wurde dieses Begleitmaterial entwickelt. Es greift die wichtigsten Aspekte des Themas auf und bietet sofort einsetzbare Kopiervorlagen dazu an. Dabei wechseln sich reine Arbeitsblätter zum Textverständnis mit Höraufträgen ab. So werden auch durch das Begleitmaterial verschiedene Lernkanäle angesprochen.

Konkrete Tipps zum Einsatz in Ihrem Unterricht:

– Spielen Sie zum Einstieg in das neue Thema ein Stück der CD vor – die Kinder werden sofort bei der Sache sein.

– Auch der Leselauscher-Song zu Beginn jeder CD steigert die Motivation der Kinder und fördert die emotionale Beteiligung – eine wichtige Voraussetzung für erfolgreiches Lernen.

– Richten Sie eine Hörstation ein (ein Discman® mit Kopfhörern genügt) als Teil einer Stationenarbeit, für schneller arbeitende Schülerinnen und Schüler oder auch als Unterstützung für Kinder mit Migrationshintergrund.

– Nutzen Sie das Buch als Informationsquelle bei einem Thementisch zu Ihrer Unterrichtsreihe.

– Auch nach der Arbeit am Thema kann das Buch als Bereicherung der Leseecke oder Klassenbibliothek in der Klasse bleiben.

– Erarbeiten Sie einen Themenschwerpunkt, indem Sie den Kindern ein Stück der CD vorspielen und die Angebote aus diesem Begleitmaterial nutzen.

– Prüfen Sie Inhalte Ihrer Unterrichtsreihe mit den Arbeitsblättern. So erhalten Sie auch einen Überblick über den Lernzuwachs.

– Lassen Sie die Kinder einzelne Texte laut vorlesen. Häufiges lautes Lesen fördert das flüssige Lesen und das Leseverständnis.

– Empfehlen Sie den Eltern die Bücher der Leselauscher-Reihe. Sie können eine gute Unterstützung im Leselernprozess sein.

Wir wünschen Ihnen begeisterte Leselauscher-Kinder und viel Erfolg bei der Arbeit mit diesem Begleitmaterial!
Ihr BVK-Team

Mit Hilfe von Koordinaten zum Cache

Aufgaben

1. Um einen Cache finden zu können, braucht man seine Koordinaten.
   Trage die Wörter richtig am Globus ein.
2. Beantworte die Fragen.

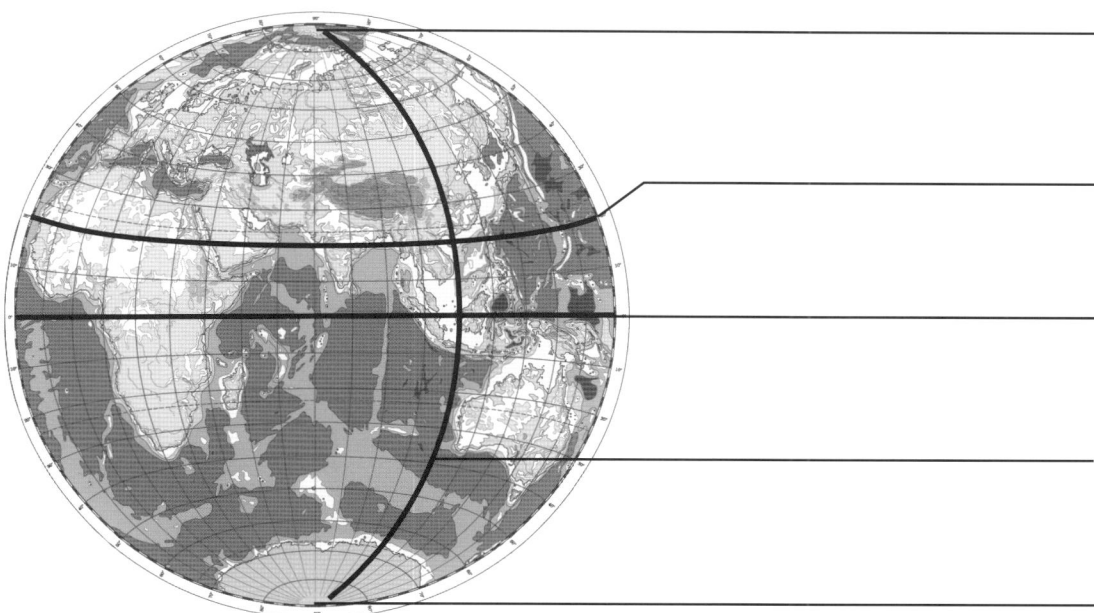

_____

_____

_____

_____

_____

Längengrad – Breitengrad – Äquator – Nordpol – Südpol

---

1. Wie kann man das Wort Geocaching übersetzen?

_____

_____

2. Womit kann man die Koordinaten lesen?

_____

3. Wovon werden die Koordinaten an die Geräte übermittelt?

_____

BVK DE194 • Arbeitsmappe zu Leselauscher _Wissen:_ Geocaching und Naturabenteuer

Geocaching: Cache-Größen

zu S. 8 / 9

Aufgabe

Es gibt 5 verschiedene Cache-Größen. Klebe die Beschreibungen zur richtigen Größe.

Nano

Micro

Small

Regular

Large

Behälter mit 1 bis 20 Litern Platz

Behälter mit mindestens 20 Litern Platz

winzig klein, wie eine Fingerspitze

Box, die weniger als 1 Liter fasst

Filmdosen oder Petlinge

Cache-Arten und Ausrüstung

zu S. 10 / 11

Aufgabe

Neben dem Traditional Cache gibt es noch viele andere Arten von Caches. Kennst du sie alle? Kreuze richtig an.

Die Caches haben oft englische Namen. Erfunden wurden sie nämlich in

☐ Großbritannien.
☐ den USA.

Einen Multi nennt man auch

☐ Multinational Cache.
☐ Multistage-Cache.

Ein Multi besteht aus

☐ einer Station.
☐ mehreren Stationen.

Die letzten Koordinaten bei einem Multi heißen

☐ Final.
☐ Finish.

Bei diesem Cache muss man erst ein Rätsel lösen, um an die Koordinaten zu kommen:

☐ Rätsel-Cache.
☐ Code-Cache.

Manche Hinweise kann man nur im Dunkeln finden. Dann sucht man einen

☐ Dunkel-Cache.
☐ Nacht-Cache.

Bei einem Earth-Cache sucht man nach

☐ einem bestimmten Ort und beantwortet dort Fragen.
☐ einer Dose und trägt sich dort in ein Logbuch ein.

Zur Grundausrüstung eines Cachers gehört

☐ eine Karte der Umgebung.
☐ ein GPS-Gerät.

BVK DE194 • Arbeitsmappe zu Leselauscher Wissen: Geocaching und Naturabenteuer

Das Loggen, Legen und Muggeln

zu S. 12-17

Aufgabe

Kannst du alle Sätze richtig ergänzen? Schreibe in die Kästen.
Du erhältst ein Lösungswort.

Wenn man einen Cache gefunden hat, muss man ihn	5					
Jeder Cacher hat einen Cacher-		7				
Diesen trägt man auch ein im sogenannten					6	
Manche Cacher erstellen sich auch einen	9					
Die notwendigen Caching-Daten findest du im				4		
Möchte man einen Cache legen, sucht man ein geeignetes	1					
Den Besitzer eines Caches nennt man	2					
Alle Caches haben eine Nummer oder einen		8				
Entdeckt ein Nicht-Geocacher einen Cache, hat er ihn	3					

Lösungswort: __ __ __ __ __ __ __ __ __
　　　　　　　1　2　3　4　5　6　7　8　9

Gewitter können gefährlich sein!

zu S. 18 / 19

Aufgaben

1. Höre dir auf der CD den Track 09 „Verhalten bei Gewitter" an.
2. Lies dann die Sätze unten. Trenne die Wörter mit einem Strich.
3. In jedem Satz hat sich ein falsches Wort eingeschlichen. Streiche es durch.
4. Schreibe die Sätze dann richtig auf. Achte auf die Groß- und Kleinschreibung!

NORMALER|REGENISTDRAUßENZWARUNANGENEHM, ABERNICHTGEFÄHRLICH.

_____

_____

WENNMANVONEINEMBLITZGETROFFENWIRD,ISTDAS NICHTLEBENSGEFÄHRLICH.

_____

_____

BLEIBEBEISCHNEENICHTAUFOFFENEMGELÄNDE.

_____

DERBLITZSCHLÄGTIMMERANDERNIEDRIGSTENSTELLEEIN.

_____

_____

Bewertungen / Cachen in der Stadt

Aufgaben

1. Lies noch einmal die Seiten 20 bis 23. Schließe dann das Buch.
   Bringe anschließend die Sätze in die richtige Reihenfolge.
   Du erhältst ein Lösungswort.
2. Was musst du beim Geocachen alles in der Stadt beachten?
   Schreibe auf die Linien.

○ In der Beschreibung zu jedem Cache steht auch die Schwierigkeitsstufe. **V**

○ Wenn man erst ein Rätsel lösen oder irgendwo hochklettern muss, wird die Schwierigkeit auf D2 oder D3 hochgesetzt. **K**

○ Muss man für einen Cache erst klettern oder Hindernisse überwinden, dann wird der Cache mit T3 oder T4 bewertet. **R**

○ Die D-Bewertung steht für das englische Wort *difficulty*, auf Deutsch Schwierigkeit. **E**

○ T1-Caches können auch mit dem Rollstuhl oder einem Kinderwagen erreicht werden. **H**

○ Ein Cache wird mit D1 bewertet, wenn man ihn leicht finden kann. **R**

○ Die T-Bewertung steht für *terrain,* auf Deutsch Gelände. **E**

Lösungswort: ___ ___ ___ ___ ___ ___ ___
                1   2   3   4   5   6   7

_____

_____

_____

Memory®

BVK DE194 • Arbeitsmappe zu Leselauscher
Wissen: Geocaching und Naturabenteuer

BVK DE194 • Arbeitsmappe zu Leselauscher
Wissen: Geocaching und Naturabenteuer

BVK DE194 • Arbeitsmappe zu Leselauscher
Wissen: Geocaching und Naturabenteuer

BVK DE194 • Arbeitsmappe zu Leselauscher
Wissen: Geocaching und Naturabenteuer

BVK DE194 • Arbeitsmappe zu Leselauscher
Wissen: Geocaching und Naturabenteuer

BVK DE194 • Arbeitsmappe zu Leselauscher
Wissen: Geocaching und Naturabenteuer

BVK DE194 • Arbeitsmappe zu Leselauscher
Wissen: Geocaching und Naturabenteuer

BVK DE194 • Arbeitsmappe zu Leselauscher
Wissen: Geocaching und Naturabenteuer

BVK DE194 • Arbeitsmappe zu Leselauscher
Wissen: Geocaching und Naturabenteuer

BVK DE194 • Arbeitsmappe zu Leselauscher
Wissen: Geocaching und Naturabenteuer

BVK DE194 • Arbeitsmappe zu Leselauscher
Wissen: Geocaching und Naturabenteuer

BVK DE194 • Arbeitsmappe zu Leselauscher
Wissen: Geocaching und Naturabenteuer

Memory®

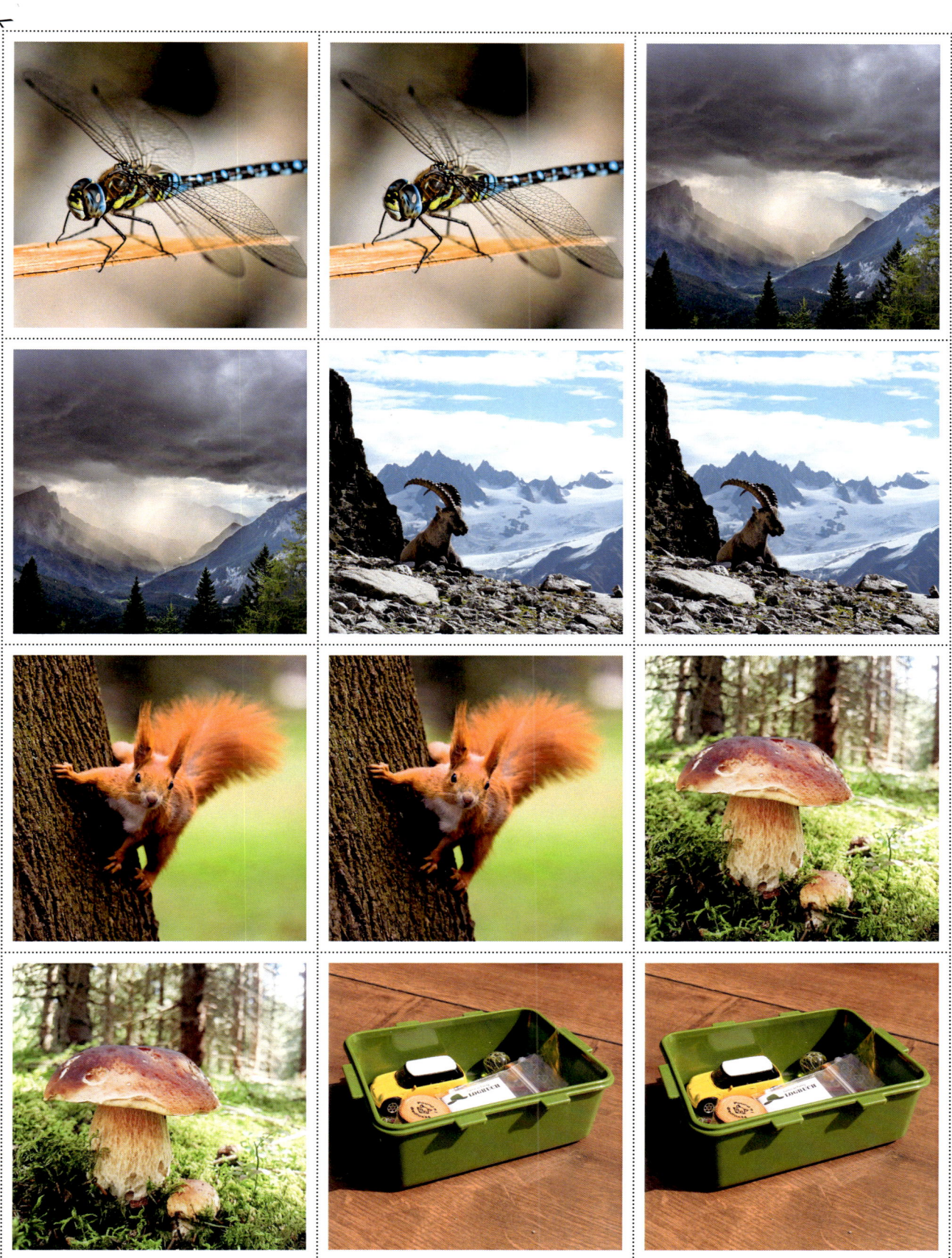

Memory®

BVK DE194 • Arbeitsmappe zu Leselauscher
Wissen: Geocaching und Naturabenteuer

BVK DE194 • Arbeitsmappe zu Leselauscher
Wissen: Geocaching und Naturabenteuer

BVK DE194 • Arbeitsmappe zu Leselauscher
Wissen: Geocaching und Naturabenteuer

BVK DE194 • Arbeitsmappe zu Leselauscher
Wissen: Geocaching und Naturabenteuer

BVK DE194 • Arbeitsmappe zu Leselauscher
Wissen: Geocaching und Naturabenteuer

BVK DE194 • Arbeitsmappe zu Leselauscher
Wissen: Geocaching und Naturabenteuer

BVK DE194 • Arbeitsmappe zu Leselauscher
Wissen: Geocaching und Naturabenteuer

BVK DE194 • Arbeitsmappe zu Leselauscher
Wissen: Geocaching und Naturabenteuer

BVK DE194 • Arbeitsmappe zu Leselauscher
Wissen: Geocaching und Naturabenteuer

BVK DE194 • Arbeitsmappe zu Leselauscher
Wissen: Geocaching und Naturabenteuer

BVK DE194 • Arbeitsmappe zu Leselauscher
Wissen: Geocaching und Naturabenteuer

BVK DE194 • Arbeitsmappe zu Leselauscher
Wissen: Geocaching und Naturabenteuer

Trackables und Travelbugs

zu S. 24/25

Aufgaben

1. In diesem Suchsel haben sich 8 Beispiele für Trackables und Travelbugs versteckt. Du findest sie waagerecht → und senkrecht ↓. Kreise sie ein.
2. Was ist das Besondere an Trackables und Travelbugs?

V	Q	U	K	H	H	O	L	Z	S	C	H	E	I	B	E
X	A	J	C	Z	L	D	N	S	K	L	Y	M	O	H	S
M	S	C	H	N	U	L	L	E	R	W	Z	B	S	S	A
X	Z	K	T	F	B	R	D	L	R	X	M	J	N	P	N
S	P	I	E	L	Z	E	U	G	A	U	T	O	G	I	H
S	Y	G	B	R	O	E	X	Z	F	L	Z	Q	E	E	Ä
E	K	F	T	E	D	D	Y	B	Ä	R	W	R	O	L	N
B	E	Z	B	T	K	X	L	H	W	V	U	I	C	F	G
F	L	D	E	P	D	C	W	D	W	W	U	I	O	I	E
R	X	J	V	Q	H	L	E	Y	R	A	X	R	I	G	R
V	P	L	Q	P	R	X	J	W	T	G	T	M	N	U	E
N	B	A	D	E	E	N	T	E	R	P	D	V	T	R	J

_____

_____

_____

_____

Wolkige Aussicht in den Bergen

zu S. 26 - 29

Aufgaben

Wenn man auf eine längere Caching-Tour durch die Berge gehen möchte, muss man sich gut vorbereiten. Außerdem sollte man einige Bergregeln beachten.

1. Schreibe eine wichtige Bergregel auf.
2. Weißt du, welche Wolke für welches Wetter steht? Verbinde die Bilder mit den Beschreibungen.

_____

_____

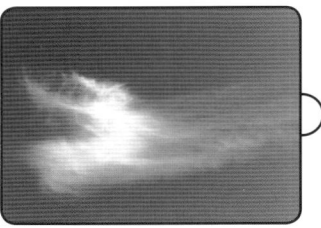

Altostratus sind Schicht-wolken, die Regen oder Schnee ankündigen.

Cumulus-Wolken sind Schönwetterwolken.

Cirrus-Wolken sind einzelne Federwölkchen. Verdichten sie sich, fängt es oft an zu regnen oder zu schneien.

Nimbostratus sind dunkle Schlechtwetterwolken.

Naturabenteuer: Klettern

zu S. 30 - 33

Aufgaben

1. Lies noch einmal die Texte auf den Seiten 30 bis 33.
2. Fülle dann die Lücken im Text unten aus. Die Wörter im Kasten helfen dir.

In den Bergen kann man auf Klettersteig-Tour gehen. Das ist eine festgelegte

Strecke mit _____ und _____ .

Der Klettersteig heißt auch Via _____ . Man ist mit

einem _____ und _____

an Sicherungsseilen gesichert. Bei einem Klettersteig kann man nicht

_____ .

In einer Kletterhalle kann man verschiedene _____

machen. Es gibt _____ und _____ .

Die Kletterrouten sind je nach _____ gekennzeichnet.

In einer Halle orientiert man sich an farbigen _____ .

Draußen am Fels zu klettern, ist viel anspruchsvoller.

Klettergriffen
Eisenleitern
Toprope
Klettergurt
Vorstiegsklettern
zurückklettern
Kletterscheine
ferrata
Stahlseilen
Karabinern
Schwierigkeit

BVK DE194 • Arbeitsmappe zu Leselauscher *Wissen*: Geocaching und Naturabenteuer

Am Wasser

zu S. 34 / 35

Aufgabe

Im und am Wasser kann man viel entdecken.
Ordne die Tiere und Pflanzen richtig zu.
Tipp: Wenn du dir nicht sicher bist, schaue auf Seite 34 nach.

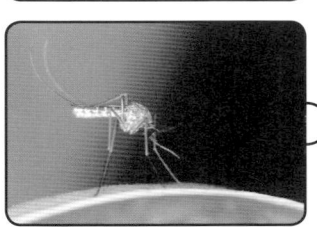

Schilf

Mücke

Seerose

Libelle

Rohrkolben

Wasserläufer

BVK DE194 • Arbeitsmappe zu Leselauscher *Wissen*: Geocaching und Naturabenteuer

Rätsel-Caches

zu S. 36 - 39

 **Aufgaben**

1. Im Text unten fehlen einige Wörter, die auf der CD gesprochen werden. Höre noch einmal den Track 18 „Rätsel-Cache durch den Wald" und trage die fehlenden Wörter in die Lücken ein.
2. Kannst du den Code unten lösen? **Tipp:** Die Entschlüsselungshilfe findest du auf Seite 39 im Buch.

Die Rätsel können ganz _____ sein. Manchmal

handelt es sich um einfache _____ , Bilderrätsel

oder Buchstabenrätsel. Häufig müssen _____ zu einem bestimmten

Thema beantwortet werden, zum Beispiel zu einer _____ in der Nähe,

zu Weihnachtsliedern, seltenen _____ oder Filmen. Dann hilft das

Internet bei der Suche nach _____ . Es ist wichtig, die Fragen ganz

genau zu lesen und auch auf _____ zu achten.

Am besten notierst du die _____ hinter den Fragen und

prüfst sie _____ .

Meist steht bei der _____ , was man mit

den Antworten machen muss.

ss = ß

In der Natur unterwegs

zu S. 40/41

 **Aufgabe**

Bilde Nomen und schreibe sie auf die Linien.
Tipp: Die Nomen findest du alle auf den Seiten 40 und 41.

Wild-   Erd-

Blind-

Kreuz-   Brombeer-

Pilz-

Wald-   Blau-

Fuchs-

Zecken-   Toll-

Orientierungs-

-bandwurm   -punkt

-kröte

-beere   -schleiche

-wut

-otter   -schwein

-erdbeere

-strauch   -zange

-sammler

Wildschwein,

Cachen mit Karte und Kompass

zu S. 42 - 45

Aufgaben

Hier hat der Fehlerteufel zugeschlagen.
1. Höre dir noch einmal den Track 21 „Orientierung mit Karte und Kompass"
   auf der CD an.
2. Lies nun den Text unten. Streiche alle 11 zusätzlichen Wörter durch, die sich
   in den Text geschlichen haben.

Karten gibt es in vielen verschiedenen Maßstäben.

Bei dem Maßstab 1 : 50 000 entspricht ein Zentimeter auf

der topografischen Karte 50 000 Zentimetern in der Natur,

also 500 Metern. Ein 100 Meter langer Fußballplatz wäre also

0,2 Zentimeter groß auf der Karte. Die Karte zeigt zum Beispiel

die Landschaft, also Berge, Wälder, Meere, Seen und Flüsse.

Aber auch Gebäude wie eine alte Burg oder eine Kirche sind

abgebildet. Außerdem steht die genaue Höhe der Berggipfel in

der Karte notiert. Sogenannte Höhenlinien zeigen, wie steil das

Gelände ist. Je enger diese Linien aneinander eingezeichnet

sind, desto steiler ist es.

Auf den unterschiedlichen Landkarten

ist manchmal eine kleine Windrose

abgebildet. Sie zeigt die jeweilige

Himmelsrichtung an. Bei Landkarten

ist Norden immer oben.

Lösungen

zu S. 3: „Mit Hilfe von Koordinaten zum Cache"
1. **von oben nach unten:**
Norpol • Breitengrad • Äquator • Längengrad • Südpol
2. Ein Geocache ist ein Versteck auf der Erde.
Die Koordinaten kann man mit einem GPS-Gerät oder
Handy lesen.
Die Koordinaten werden von Satelliten an die Geräte
übermittelt.

zu S. 4: „Geocaching: Cache-Größen"

Nano	winzig klein, wie eine Fingerspitze
Micro	Filmdosen oder Petlinge
Small	Box, die weniger als 1 Liter fasst
Regular	Behälter mit 1 bis 20 Litern Platz
Large	Behälter mit mindestens 20 Litern Platz

zu S. 5: „Cache-Arten und Ausrüstung"
korrekt sind: Großbritannien • Multistage-Cache •
mehreren Stationen • Final • Rätsel-Cache • Nacht-Cache •
einem bestimmten Ort … • ein GPS-Gerät

zu S. 6: „Das Loggen, Legen und Muggeln"
von oben nach unten: LOGGEN • NAMEN • LOGBUCH •
STEMPEL • INTERNET • VERSTECK • OWNER •
AUFKLEBER • GEMUGGELT
Lösungswort: VOGELHAUS

zu S. 7: „Gewitter können gefährlich sein!"
2. **falsch sind:** draußen = unterwegs • nicht = sogar •
Schnee = Gewitter • niedrigsten = höchsten
3. Normaler Regen ist unterwegs zwar unangenehm,
aber nicht gefährlich.
Wenn man von einem Blitz getroffen wird, ist das
sogar lebensgefährlich.
Bleibe bei Gewitter nicht auf offenem Gelände.
Der Blitz schlägt immer an der höchsten Stelle ein.

zu S. 8: „Bewertungen / Cachen in der Stadt"
1. **von oben nach unten nummerieren:**
1 – 4 – 7 – 2 – 6 – 3 – 5
Lösungswort: VERKEHR
2. Man muss die Verkehrsregeln beachten, man darf sich
nicht ablenken lassen und einfach auf die Straße rennen,
man darf keine privaten Grundstücke betreten …

zu S. 13: „Trackables und Travelbugs"
1.

					H	O	L	Z	S	C	H	E	I	B	E
		S	C	H	N	U	L	L	E	R			S	A	
													P	N	
	S	P	I	E	L	Z	E	U	G	A	U	T	O	G	I	H
												E	E	Ä	
			T	E	D	D	Y	B	Ä	R		O	L	N	
												C	F	G	
												O	I	E	
												I	G	R	
												N	U		
		B	A	D	E	E	N	T	E				R		

2. Trackables und Travelbugs reisen von Cache zu Cache.

zu S. 14: „Wolkige Aussicht in den Bergen"
1. Bergregeln:
• Bleibe auf den Wegen!
• Pflücke keine Blumen ab!
• Wirf nicht mit Steinen, sie können Lawinen auslösen
und Wanderer treffen!
• Hinterlasse keinen Müll!
• Störe die Tiere nicht durch Lärm!
2.

Altostratus sind Schichtwolken,
die Regen oder Schnee ankündigen.

Cumulus-Wolken sind Schönwetter-
wolken.

Nimbostratus sind dunkle
Schlechtwetterwolken.

Cirrus-Wolken sind einzelne Feder-
wölkchen. Verdichten sie sich, fängt es
oft an zu regnen oder zu schneien.

zu S. 15: „Naturabenteuer: Klettern"
eingefügt werden müssen:
Stahlseilen • Eisenleitern • ferrata • Klettergurt •
Karabinern • zurückklettern • Kletterscheine • Toprope •
Vorstiegsklettern • Schwierigkeit • Klettergriffen

zu S. 16: „Am Wasser"

 Schilf
 Libelle
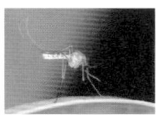 Mücke
 Rohrkolben
 Seerose
 Wasserläufer

zu S. 17: „Rätsel-Caches"
1. **eingefügt werden müssen:** unterschiedlich •
Zahlenrätsel • Fragen • Burg • Tieren • Lösungen •
Kleinigkeiten • Antworten • mehrmals • Rätsel-
beschreibung
2. Geocaching macht Spaß!

zu S. 18: „In der Natur unterwegs"
Wildschwein • Erdkröte • Blindschleiche • Kreuzotter •
Brombeerstrauch • Pilzsammler • Walderdbeere •
Blaubeere • Fuchsbandwurm • Zeckenzange • Tollwut •
Orientierungspunkt

zu S. 19: „Cachen mit Karte und Kompass"
zu viel sind: vielen • topografischen • groß • Meere • alte •
genaue • Sogenannte • eingezeichnet • unterschiedlichen •
kleine • jeweilige

BVK DE194 • Arbeitsmappe zu Leselauscher Wissen: Geocaching und Naturabenteuer